AF460542

ERNEST LAVISSE

DE L'ACADÉMIE FRANÇAISE

Histoire de France

Cours Moyen

CHAPITRE SUPPLÉMENTAIRE

sur

La Grande Guerre

(1914-1919)

Librairie Armand Colin

103, Boulevard Saint-Michel, PARIS.

Nos quatre grands Alliés.

CHAPITRE XXIX

LA GRANDE GUERRE (1914-1919)

Sommaire. — État de la France et de l'Europe avant la guerre. — L'invasion de la Belgique et de la France. — La victoire de la Marne. — La guerre de tranchées. — Verdun. — La grande défaite allemande. — L'armistice. — La paix.

I. — ÉTAT DE LA FRANCE ET DE L'EUROPE AVANT LA GUERRE

Vous venez de voir que, depuis le désastreux traité de Francfort, la France a reconstitué ses finances et son armée, et grandement accru son empire colonial.

Vous venez de voir aussi que, par ses découvertes scientifiques, elle servait l'Humanité et qu'elle s'efforçait par ses lois démocratiques d'améliorer la condition des travailleurs.

La France n'oubliait pas l'Alsace-Lorraine, et les Alsaciens-Lorrains restaient fidèles à leur patrie française. Les Allemands les persécutaient pour les obliger à se soumettre; ils n'arrivaient qu'à se rendre plus odieux.

La France n'aurait pas pris l'initiative d'une guerre pour délivrer ses chères provinces. Elle était pacifique; elle savait que cette guerre serait une atroce calamité.

Cependant une inquiétude pesait sur toute l'Europe. Deux camps s'y formèrent. L'Allemagne fit alliance avec l'Autriche et l'Italie. Ce fut ce qu'on appela : la *Triple Alliance* (1882).

Mais d'autres États se rapprochèrent de nous : la Russie devint notre alliée (1891) ; l'Angleterre devint notre amie. France, Angleterre et Russie s'entendaient pour se défendre au besoin contre l'ambition de l'Allemagne. Ce fut ce qu'on appela : la *Triple Entente* (1907).

La Triple Alliance et la Triple Entente disaient toutes les deux qu'elles voulaient maintenir la paix. Cela n'empêchait pas qu'elles dépensaient des milliards pour accroître leurs forces militaires. C'était ce qu'on appelait : la *Paix armée*.

Ambition et orgueil de l'Allemagne. — En Allemagne surtout les forces militaires s'accrurent sur terre et sur mer. L'Allemagne voulait avoir une flotte égale à celle de l'Angleterre. Elle voulait aussi avoir un grand empire colonial.

En même temps que son ambition, son orgueil offensait le monde. Elle croyait et elle disait à tout propos qu'elle était faite pour commander aux autres peuples et leur apprendre comment il faut vivre. Son empereur Guillaume II s'imaginait qu'il avait été choisi par Dieu pour régner sur l'Allemagne et dominer la terre. Il parlait souvent de sa poudre sèche, de la pointe aiguisée de son épée, de son point ganté de fer. Depuis qu'en 1911 il nous avait arraché un morceau du Congo, il écoutait de plus en plus ceux qui voulaient la guerre. Et ceux-là étaient nombreux et bruyants autour de lui et dans son peuple. L'Allemagne s'armait donc jusqu'aux dents ; elle guettait une occasion ou un prétexte de guerre.

Chez nous, on espérait pourtant éviter la guerre. Qui donc oserait, en la déclarant, commettre un si grand crime contre l'Humanité ? L'Autriche et l'Allemagne ont commis ce grand crime.

La déclaration de guerre. — En juin 1914, l'archiduc, neveu et héritier de l'empereur d'Autriche, fut assassiné en Bosnie, pays peuplé de Serbes réunis *malgré eux* à l'Autriche. Celle-ci désirait depuis longtemps s'emparer de la petite Serbie, et l'Allemagne était décidée à l'y aider. L'Autriche prétendit que c'était le gouvernement serbe qui avait envoyé les assassins et elle déclara la guerre à la Serbie (28 juillet).

Mais la Serbie était l'amie de la Russie ; il eût été honteux pour la Russie de la laisser écraser. Le tsar Nicolas II avait d'abord supplié Guillaume II, qui se disait son ami, de donner à l'Autriche des conseils pacifiques. N'obtenant rien de

Guillaume II, il finit par mobiliser l'armée russe pour obliger l'Autriche à négocier. Aussitôt l'Allemagne, sans hésiter, déclara la guerre à la Russie (1er août 1914).

Pendant ce temps la France et l'Angleterre avaient fait tout le possible pour arranger les choses. Mais *l'Allemagne était de mauvaise foi et voulait la guerre.* Le 3 août 1914, elle la déclara à la France en donnant comme raison que des aviateurs français avaient jeté des bombes sur son territoire : les Allemands ont reconnu eux-mêmes plus tard que *c'était un mensonge.*

La mobilisation ; l'union sacrée. — Notre Patrie était en danger. Les Français alors oublièrent leurs dissentiments politiques et religieux. Ils s'unirent fraternellement pour défendre la France. C'est ce que M. Poincaré, président de la République, a appelé *l'union sacrée.* La mobilisation se fit dans le plus grand ordre. Les hommes étaient résolus ; les femmes, en les voyant partir, s'efforçaient de ne pas pleurer.

La violation de la neutralité belge. — Le général Joffre, qui commandait les armées françaises, les avait disposées à l'est, face à la frontière allemande. Mais *les Allemands décidèrent de traverser la Belgique et de nous attaquer par le nord.*

La Belgique était un État neutre, c'est-à-dire qu'elle ne devait prendre part à la guerre d'aucune façon et que les armées n'avaient pas le droit de pénétrer chez elle. Cela était établi dans un traité que la Prusse avait signé comme la France et l'Angleterre. Ainsi fut prouvée la malhonnêteté de l'Allemagne.

Les Belges aimèrent mieux se battre que laisser passer les Allemands. Leur petite armée résista héroïquement aux armées allemandes et les empêcha de se jeter tout de suite sur la France. *Pour le service qu'elle nous a ainsi rendu, nous devons garder à la Belgique une grande reconnaissance.*

L'Angleterre avait garanti la neutralité belge : elle déclara la guerre à l'Allemagne qui violait cette neutralité. L'Angleterre n'avait alors qu'une petite armée, mais sa flotte était la plus grande du monde, ce qui lui permettait d'arrêter le commerce allemand et d'empêcher l'Allemagne de s'approvisionner.

II. — L'INVASION DE LA BELGIQUE ET DE LA FRANCE. LA VICTOIRE DE LA MARNE.

Les armées de 1914. — L'Allemagne croyait qu'en quelques semaines elle écraserait la France. Elle se tournerait ensuite avec toutes ses forces contre la Russie, qui ne pourrait pas résister longtemps. La guerre serait courte, et la victoire splendide.

L'armée française, malgré les progrès qu'elle avait faits depuis 1870, n'était pas aussi bien préparée que l'armée allemande; elle avait moins de mitrailleuses et de gros canons; elle était habillée d'uniformes de couleurs voyantes — capote bleue, képi et pantalon rouges, — tandis que les uniformes allemands tout gris ne se voyaient pas de loin, ce qui est un grand avantage.

Mais l'armée française était beaucoup mieux commandée

L'ARTILLERIE FRANÇAISE.

Au premier plan, on voit en action un canon de 75, (c'est-à-dire dont le tube a un diamètre intérieur de 75 millimètres) ; au fond, une pièce va prendre position.

qu'en 1870; elle avait un canon léger, le 75[1], le meilleur du monde. Chefs et soldats étaient pleins d'ardeur et de confiance, parce qu'ils avaient le bon droit de leur côté et parce qu'ils se battaient, comme au temps de la Révolution, non seulement pour la France, mais pour la liberté du Monde.

Mulhouse et Charleroi. — Les Français avaient hâte de délivrer l'Alsace et la Lorraine. Ils entrèrent en Alsace et prirent la ville de *Mulhouse*. Mais, en Lorraine, ils furent vaincus.

Pendant ce temps une énorme armée allemande inondait la Belgique. Les Allemands incendièrent les villes et les villages; ils massacrèrent un grand nombre de civils, même des femmes et des enfants. Devant eux fuyaient les misérables populations. Pour excuser ces horreurs, ils disaient que, plus ils seraient cruels, plus la guerre serait vite finie, parce qu'on aurait peur d'eux. Ils se déshonorèrent par leur barbarie.

SUR UNE ROUTE DE BELGIQUE (août 1914).
Au mépris des traités, les armées allemandes ont violé la neutralité belge; vieillards, femmes, enfants, fuient devant l'envahisseur.

Les Français et les Anglais marchèrent au secours des Belges, mais ils n'étaient pas assez nombreux; ils furent vaincus à *Charleroi* (22-23 août).

Invasion de la France. — Le danger était grand, le général Joffre ne se troubla pas. Il décida de ramener ses troupes en arrière. Ce fut une retraite très pénible; mais nos soldats ne perdirent pas courage.

Les Allemands se précipitèrent en France. Ils étaient joyeux de leur victoire et criaient : « *Nach Pariss !* » (A Paris !). L'empereur Guillaume se voyait déjà passer sous l'Arc de Triomphe. Les avant-gardes allemandes arrivèrent jusqu'à Chantilly qui est à 40 kilomètres de Paris (V. carte, p. 262). Le Gouvernement français partit pour Bordeaux.

Victoire de la Marne (5-12 septembre). — Le gros de l'armée allemande avait passé la Marne, quand brusquement, il fut attaqué de flanc par une armée française venue de Paris. C'est alors que le général Joffre ordonna à ses armées « *d'avancer coûte que coûte et de se faire tuer sur place plutôt que de reculer* ». Jamais encore il n'y avait eu une bataille sur un aussi grand espace, — environ 300 kilomètres, — avec un aussi grand nombre de combattants, — environ un million de chaque côté. Elle dura sept jours (5-12 septembre). Les Allemands furent vaincus; ils repassèrent la Marne et battirent en retraite.

Dans toute l'histoire de la France, il n'y a pas de plus glorieuse victoire que la victoire de la Marne : elle a sauvé la France et le Monde de la domination allemande.

A LA BATAILLE DE LA MARNE (septembre 1914).

C'est la retraite ! Des soldats allemands sortent en hâte des maisons d'un village; leurs officiers les pressent.

Victoire de l'Yser. — Cependant les Allemands étaient encore très forts; on ne put pas les repousser plus loin que l'Aisne. Ils gardaient le nord de la France (V. carte, p. 262) et presque toute la Belgique; grâce à leurs gros canons, ils s'emparèrent d'*Anvers* qui était très bien fortifié (9 octobre).

Après Anvers, ils voulurent prendre Calais qui est le port français le plus près de l'Angleterre. Pour y arriver, ils livrèrent une grande bataille qui dura un mois. Mais ils furent arrêtés sur la petite rivière de l'*Yser* et sur le canal d'*Ypres*. Dans cette bataille, les fusiliers marins français se battirent héroïquement un contre dix.

III. — LA GUERRE DE TRANCHÉES. — VERDUN

La guerre de tranchées. — Comme aucun des deux adversaires n'était assez fort pour abattre l'autre, ils restèrent face à face sur leurs positions. *Alors commença ce qu'on a appelé la guerre de tranchées, qui devait durer quatre longues années,* de 1914 à 1918.

Les tranchées étaient des fossés que les soldats creusaient

LA GUERRE DE TRANCHÉES.

L'infanterie française s'apprête à sortir de la tranchée ; déjà les premières vagues d'assaut, franchissant les fils de fer barbelés, attaquent les lignes allemandes que bombarde notre artillerie.

dans la terre pour s'abriter des balles et des éclats d'obus : elles s'étendaient sans interruption depuis la mer jusqu'à la Suisse, sur plusieurs centaines de kilomètres (V. carte, p. 262).

C'était une vie bien dure que celle des soldats dans les tranchées. Ils étaient sans cesse sur le qui-vive : souvent l'ennemi n'était qu'à quelques mètres, Français et Allemands s'entendaient parler d'une tranchée à l'autre. Sans cesse on se canonnait, on se mitraillait, on essayait de se surprendre. Ils souffraient du froid et de la boue ; ils étaient tourmentés par les rats et la vermine ; l'hiver, beaucoup avaient les pieds gelés.

Enfants de France, n'oubliez jamais que, si vos pères et vos frères ont supporté toutes ces misères, c'est pour vous, pour que vous-mêmes n'ayez pas à les supporter plus tard, pour qu'il ne puisse plus jamais y avoir de guerre dans le Monde.

Transformation de la guerre. — En même temps la manière de faire la guerre changea beaucoup.

Puisqu'on combattait maintenant de tout près comme dans les anciennes guerres, on se servit d'armes dont on ne s'était plus servi depuis longtemps, telles que les *grenades* qui se lançaient avec la main.

Les soldats portèrent des *casques* comme les guerriers du

COMBAT DE NUIT.

Les projecteurs fouillent le ciel, où volent les avions. Partout éclatent des fusées multicolores, dont les combattants se servent soit comme signaux, soit pour éclairer le champ de bataille.

Moyen âge. Les soldats français avaient de nouveaux *uniformes bleu clair* qui étaient moins visibles.

De chaque côté, on s'efforça de rendre les tranchées imprenables. Devant, on plantait plusieurs rangées de pieux reliés par des *fils de fer barbelés*, c'est-à-dire garnis de pointes. Il était très difficile de passer à travers ces fils de fer.

Pour détruire les fils de fer et les tranchées, on construisit des canons de plus en plus gros. Avant d'attaquer, on envoyait des milliers d'obus sur les tranchées qu'on voulait prendre. Le terrain, criblé de trous d'obus, semblait une écumoire.

On inventa aussi de nouveaux engins. Bien que ce fût défendu par un traité qu'ils avaient signé, les Allemands lancèrent des *gaz* qui asphyxiaient ou qui brûlaient et des *liquides qui s'enflammaient;* les flammes étaient hautes de plusieurs mètres. Tous les soldats durent avoir des *masques* pour se protéger contre les gaz. Plus tard, les Français et les Anglais inventèrent les chars d'assaut ou *tanks;* c'étaient des automobiles armées

LES CHARS D'ASSAUT OU TANKS.
Un char d'assaut écrase les fils de fer de fer barbelés pour préparer la route à l'infanterie anglaise, qui poursuivra l'ennemi.

de canons ou de mitrailleuses, montées sur des chenilles d'acier à la place de roues, et qui pouvaient franchir tous les obstacles.

La guerre dans le Monde entier. — *Non seulement la guerre devint de plus en plus atroce, mais elle s'étendit dans le Monde entier.* La Turquie, puis la Bulgarie se rangèrent du côté de l'Allemagne et de l'Autriche. Du côté de la France, il y avait déjà la Russie, l'Angleterre et ses colonies, la Belgique et la Serbie; il y eut ensuite l'Italie (1915), la Roumanie (1916), les États-Unis d'Amérique (1917).

On se battait non seulement en France et en Belgique, mais dans les Alpes à la frontière italienne, en Serbie, en Pologne, en Autriche, en Turquie d'Asie, en Afrique dans les colonies allemandes. Les Russes remportèrent de grandes victoires, puis ils furent complètement vaincus. Les Français et les

LA GUERRE SOUS-MARINE.

On voit ici un exemple de la barbarie des Allemands : un de leurs sous-marins a lancé, en pleine nuit, une torpille sur un navire transportant des passagers ; ce dernier a été touché et va couler. Les Allemands ont torpillé ainsi des navires-hôpitaux.

Anglais firent une expédition pour prendre Constantinople, la capitale des Turcs : ils échouèrent (1915).

La guerre sur mer et dans les airs. — On se battait aussi sur mer. La flotte anglaise empêchait les navires allemands de faire du commerce ; les Allemands étaient ainsi privés de beaucoup de marchandises ; sauf les riches, ils ne pouvaient plus manger à leur faim. Pour se venger, ils construisirent en grand nombre des *sous-marins* qui torpillaient et coulaient les navires alliés, même les navires marchands ou les bateaux transportant des passagers. La destruction du grand bateau transatlantique appelé *Lusitania*, où périrent des centaines de femmes et d'enfants, fit horreur au Monde civilisé. Les Allemands célébrèrent ce crime comme une victoire.

On se battait dans les airs. Les avions de guerre étaient armés de mitrailleuses et se faisaient la chasse les uns aux autres. Des aviateurs se rendirent célèbres par leurs exploits ; le plus célèbre de tous fut Guynemer, un jeune homme de vingt ans, extraordinairement brave, qui abattit plus de cinquante

UN COMBAT AÉRIEN.

Les avions, armés de mitrailleuses, se livraient de fréquents combats. On voit s'abattre sur le sol un avion allemand en flammes.

avions ennemis et mourut en combattant. Les Allemands se mirent aussi à bombarder les grandes villes, Londres et Paris, au moyen de leurs avions et de leurs ballons dirigeables appelés *Zeppelins*.

La guerre en 1916. — Pendant toute l'année 1915, on se battit sans résultats décisifs. Mais les Français espéraient être plus heureux en 1916, parce qu'il y avait maintenant en France une grande armée anglaise qui se préparait à combattre.

Les Allemands voulurent frapper un grand coup sur l'armée française avant que les Anglais ne fussent tout à fait prêts. Ils nous attaquèrent sur la Meuse, à Verdun. Ils réunirent devant cette ville leurs meilleures troupes, et une quantité considérable de canons ; pour détruire les forts, ils avaient d'énormes pièces qui envoyaient à 12 kilomètres des obus pesant près de 1000 kilos.

Victoire de Verdun. — La bataille de Verdun commença le 20 février 1916; elle dura plusieurs mois.

DEVANT VERDUN (1916).
Calme et résolu, le soldat français barre le chemin aux Allemands. « Ils ne passeront pas ! »

Sous un feu d'artillerie terrible, les Français furent d'abord obligés de reculer. Les Allemands pénétrèrent dans un des forts de Verdun, Douaumont.

Mais le général Joffre envoya des renforts commandés par un chef qui inspirait confiance aux soldats par son calme autant que par sa bravoure : le général Pétain. A chaque attaque allemande, les Français ripostèrent par des contre-attaques. On se battit avec tant de fureur autour de Verdun qu'il n'y avait plus trace de bois ni de prairies : on ne voyait plus rien que de la terre retournée, des trous d'obus, des tranchées bouleversées, pleines de cadavres.

Les Allemands ne réussirent pas à passer, et le nom de Verdun devint célèbre dans le Monde entier.

IV. — LA GRANDE DÉFAITE ALLEMANDE. — L'ARMISTICE.

La victoire de la Somme. — Après Verdun, la France et ses alliés remportèrent plusieurs victoires. Sur la Somme, la grande armée anglaise attaqua avec les Français et obligea les Allemands à reculer.

Atroce barbarie allemande. — Quand ils étaient obligés

de battre en retraite, les Allemands forçaient les habitants à s'en aller et ils détruisaient les villages. Des centaines et des centaines de villages ont ainsi disparu sans laisser de trace. Quelquefois un petit monticule de débris marque la place d'une église ou d'un château. Les Barbares ont comblé les puits; par endroits, ils les ont empoisonnés. Ils ont coupé les arbres fruitiers. Un pays fécond et laborieux a été transformé en désert. On n'y voyait plus âme qui vive. Les hirondelles, au printemps de 1917, ont en vain cherché leurs nids. On n'entendait plus dans cette vaste solitude un chant d'oiseau. Par un pareil crime, les Allemands ont mérité l'exécration du Monde civilisé.

❧ ***La guerre en 1917.*** — Les Allemands avaient un énorme avantage sur nous : leurs armées et celles de leurs alliés obéissaient à un seul chef, Hindenburg, tandis que les armées anglaise, française, russe, italienne, avaient chacune leur général en chef ; alors elles n'arrivaient jamais à s'entendre pour attaquer toutes au même moment.

Puis il arriva à la France un grand malheur : elle fut abandonnée par la Russie. En mars 1917, le tsar avait été renversé par une révolution : l'armée russe ne voulut plus se battre et se débanda. Parmi les révolutionnaires, il y avait des traîtres payés par les Allemands ; ils firent la paix avec l'Allemagne à des conditions honteuses (mars 1918).

❧ ***L'Amérique entre en guerre.*** — Heureusement, les États-Unis d'Amérique avaient déclaré la guerre à l'Allemagne en avril 1917.

Les États-Unis sont immensément riches et très peuplés, mais ils n'avaient qu'une petite armée. Ils décidèrent d'en former une grande et de l'envoyer en France. Ils voulaient nous porter secours parce que jadis, avant la Révolution, la France les avait secourus quand ils se battaient pour leur indépendance. Et puis les États-Unis sont une grande démocratie libre qui voulait défendre contre l'Allemagne la liberté des peuples.

Mais il faut beaucoup de temps pour former une grande armée, puis pour la transporter à travers un océan.

❧ ***La patience française.*** — Plus la guerre se prolongeait, plus les souffrances augmentaient des deux côtés.

Mais quelqu'un a dit avec raison que la victoire est à celui qui peut souffrir un quart d'heure de plus que son adversaire. La France a su être patiente tout le temps qu'il fallait.

La grande attaque allemande (21 mars 1918). — Au contraire, l'Allemagne était impatiente de vaincre. Elle voulait écraser les Anglais et les Français avant l'arrivée de l'armée américaine.

Sous les ordres de Hindenburg, le général Ludendorff dirigeait en réalité la guerre. Il réunit une armée formidable et décida d'attaquer entre la Somme et l'Oise, au point où l'armée anglaise se reliait à l'armée française, de façon à les séparer l'une de l'autre. La bataille commença le 21 mars 1918 : en trois heures l'artillerie allemande avait envoyé des *millions d'obus à gaz* sur les tranchées anglaises. Les Anglais furent mis ainsi hors de combat ; *les Allemands avancèrent de 60 kilomètres et se rapprochèrent de Paris et d'Amiens.*

Les résultats. — Heureusement les renforts français arrivèrent assez vite pour donner la main aux Anglais. Les deux armées furent même beaucoup plus étroitement unies,

L'ARRIVÉE DES AMÉRICAINS.

De grands navires débarquent en France des troupes américaines; on décharge des chevaux, des canons, des locomotives, des camions automobiles, des vivres, des munitions, etc...

parce qu'*on décida enfin de n'avoir plus qu'un seul chef pour diriger la guerre :* ce chef fut le général français *Foch*, qui avait remporté plusieurs victoires et qui était aussi audacieux que Ludendorff, mais beaucoup plus habile.

D'autre part, les Américains se dépêchèrent tant qu'ils purent ; ils réussirent à envoyer en France près de *10 000 soldats par jour ;* ce qui est admirable.

La bataille pour Paris (mai-juin 1918). — Ludendorff continua d'attaquer.

Il croyait que, s'il prenait Paris, la France se reconnaîtrait vaincue. Les Allemands arrivèrent jusqu'à la Marne, à 65 km. de Paris. Ils bombardèrent la ville par leurs avions, et par d'énormes canons qui pouvaient lancer des obus à plus de 100 km. Mais tout cela ne fit pas perdre courage aux Parisiens.

LE MARÉCHAL JOFFRE. LE MARÉCHAL FOCH. LE MARÉCHAL PÉTAIN.

La seconde victoire de la Marne (juillet 1918). — Foch avait achevé ses préparatifs ; il était prêt à attaquer quand Ludendorff entreprit une nouvelle grande attaque le 15 juillet sur la Marne et en Champagne. Les Allemands avancèrent très peu. Tout d'un coup, le 18 juillet au matin, ils entendirent derrière eux une formidable canonnade : c'était les Français qui les attaquaient dans le dos.

Comme en 1914, pour ne pas être cernée, l'armée allemande dut repasser la Marne et battre en retraite. Mais cette fois la France et ses alliés étaient assez forts pour ne pas lâcher prise.

La grande défaite de l'Allemagne. — Foch attaqua sans relâche et de tous les côtés. Tantôt c'était les Anglais qui frappaient, tantôt c'était les Français, tantôt les Américains.

Tout ce que les Allemands purent faire, ce fut de reculer assez vite pour ne pas se laisser envelopper, mais ils perdaient beaucoup de monde et de canons, leur armée s'épuisait.

Les Français e les Anglais rentrèrent dans des villes que les Allemands occupaient depuis quatre ans, à Saint-Quentin, à Laon, à Lille. Les habitants pleuraient de joie en les voyant arriver.

Au même moment, les Turcs et les Bulgares, les alliés de

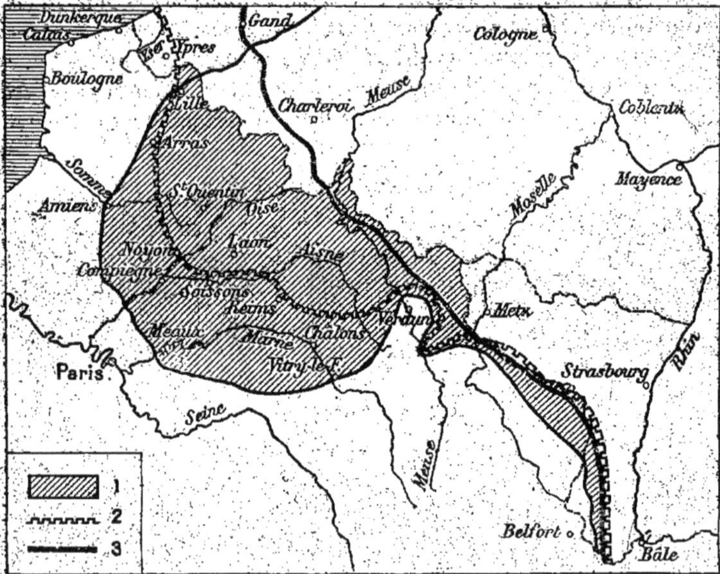

CARTE POUR LA GUERRE DE 1914-1918.

1. — Territoire envahi par l'ennemi en septembre 1914.

2. — Ligne stationnaire des tranchées depuis la première victoire de la Marne jusqu'en mars 1918.

3. — Limite extrême de l'avance victorieuse des troupes françaises et alliées au jour de l'armistice (11 novembre 1918).

l'Allemagne, furent vaincus et l'abandonnèrent. En quelques semaines, la situation avait complètement changé. Nos armées se rapprochaient de la frontière allemande (V. carte, p. 262).

Alors l'Allemagne sentit qu'elle était perdue. Un grand mécontentement se manifesta contre le Gouvernement impérial. Une révolution éclata à Berlin ; Guillaume II abdiqua, puis il se sauva en Hollande. Tous les princes allemands abdiquèrent et se sauvèrent eux aussi. De même abdiquèrent l'empereur d'Autriche et le roi des Bulgares. Ainsi furent punis les principaux coupables de cette guerre criminelle.

Le nouveau Gouvernement d'Allemagne demanda un armistice, c'est-à-dire qu'on cessât de se battre pour pouvoir négocier la paix. *L'armistice fut signé le 11 novembre 1918.*

L'armistice. — En vertu de l'armistice, les armées françaises et alliées ont occupé *l'Alsace-Lorraine, tous les pays allemands sur la rive gauche du Rhin, et certains points importants sur la rive droite.* L'Allemagne a livré des milliers de canons, de mitrailleuses, d'aéroplanes, la plus grande partie de sa flotte et de ses sous-marins. Ainsi il lui était impossible de recommencer la guerre.

La délivrance de la Belgique et de l'Alsace-Lorraine.

Entrée des troupes françaises à Strasbourg (25 novembre 1918).

C'est à la fois un triomphe et une fête populaire. Les habitants, transportés de joie, acclament nos soldats et les accompagnent en chantant des airs patriotiques.

— Les Allemands évacuèrent en hâte la Belgigue et la France. Les armées françaises entrèrent à Metz et à Strasbourg. Ce fut une fête comme on n'en avait jamais vu : les Alsaciens et les Lorrains riaient et pleuraient, agitaient des mouchoirs et des drapeaux, embrassaient les soldats, étaient fous de joie.

V. — LA PAIX DE VERSAILLES.

Le grand jour du 28 juin 1919. — Il restait à conclure la paix. Tous les pays qui avaient pris part à la guerre contre l'Allemagne envoyèrent à Paris des délégués pour en discuter les conditions dans une conférence, qu'on appelle *Conférence de la Paix*.

Parmi les délégués de l'Amérique était M. Wilson, président des Etats-Unis qui, à son arrivée en France, y fut accueilli avec enthousiasme.

Le travail de la Conférence commença le 18 janvier 1919. Il dura très longtemps : il y avait tant de choses à régler !

Enfin, le 16 juin 1919, le traité rédigé par les Alliés fut remis aux délégués que l'Allemagne avait envoyés. Ces délégués hésitèrent quelques jours avant d'accepter des conditions qui leur semblaient très dures et qui l'étaient en effet ; mais la justice voulait qu'il en fût ainsi.

Le 28 juin 1919, une grande séance fut tenue au château de Versailles, dans la salle des Glaces. Dans cette même salle, le 18 janvier 1871, le roi de Prusse, Guillaume Ier, avait été proclamé empereur d'Allemagne.

Le 18 janvier 1871 avait été pour la force et l'orgueil de l'Allemagne un jour de triomphe. Depuis, l'Allemagne avait accru sa force et son orgueil. Le 28 juin 1919 fut le jour du châtiment.

Les principales clauses de la paix de Versailles. — Par la paix de Versailles, l'Allemagne restitue à la France l'Alsace-Lorraine. Elle s'engage à réparer les dommages causés à la France et à ses Alliés. Elle cède à la France les mines de charbon du bassin de la Sarre ; elle est ainsi punie pour avoir ruiné nos mines du Nord.

L'Allemagne restitue au Danemark le Slesvig septentrional, pays danois qu'elle lui avait enlevé en 1864.

Elle restitue les provinces polonaises qu'elle s'était attribuées au XVIIIe siècle, lorsque la malheureuse Pologne fut partagée entre la Prusse, l'Autriche et la Russie, ce qui avait été un acte scandaleux de brigandage.

Enfin l'Allemagne renonce à ses colonies, où elle traitait les indigènes d'une façon barbare.

proposée d'empêcher à l'avenir les injustices. Elle a fondé une *Société des Nations.*

Tous les Etats, membres de cette Société, s'engagent à garantir mutuellement leur territoire et leur indépendance. Si quelque différend se produit entre eux, ils le feront juger par un conseil dont les membres seront nommés par eux. Si un Etat refuse de se soumettre au jugement, la Société l'y contraindra par un blocus qui lui ôtera les moyens de vivre, et, au besoin, par la force des armes.

Ainsi la paix de Versailles, paix de justice, est aussi une paix d'Humanité. Elle promet aux hommes qui, depuis des milliers de siècles, ont tant souffert du fléau de la guerre, un avenir de travail dans la paix.

Puisse la Grande Guerre, d'où la France et les Alliés sont sortis vainqueurs, avoir été la dernière des guerres!

RÉFLEXIONS GÉNÉRALES

ÉLÈVES DE NOS ÉCOLES,

La guerre que je viens de vous raconter est un des plus grands événements de l'Histoire universelle.

L'Allemagne, orgueilleuse et rapace, prétendait dominer le Monde pour l'exploiter. De grands peuples libres se sont alliés pour défendre la liberté du Monde.

Dans la commune victoire, la part de la France est grande.

Au commencement, nous étions presque seuls en face de l'ennemi. En l'arrêtant dans sa marche, nous avons donné le temps à l'Angleterre d'accroître ses forces militaires; à l'Italie et aux États-Unis d'Amérique de se joindre à nous.

À la fin, lorsque les Alliés comprirent la nécessité d'un commandement militaire unique, ce fut un Français, le maréchal FOCH, qu'ils choisirent pour les conduire à la victoire.

Enfants, vous serez les citoyens d'un pays libre et glorieux.

Soyez-en fiers, vous en avez le droit; mais à qui devez-vous la liberté et la gloire? A vos pères et à vos frères, à ces combattants qui pensaient à vous pendant les années si longues de la terrible guerre. Pour vous, ils ont enduré des fatigues et des souffrances surhumaines. Pour vous, quinze cent mille d'entre eux sont tombés sur les champs de bataille.

Jamais une génération ne fut obligée autant que la vôtre au devoir de reconnaissance envers ses aînés.

Pour acquitter votre dette sacrée, vous vous dévouerez corps et âme au relèvement de la France, affaiblie par la ruine de sa richesse et par le sang qu'elle a versé. Il faut que vous travailliez plus et mieux qu'on n'a jamais travaillé en France.

Au lendemain de la paix, une concurrence très vive entre les peuples s'annonce dans les domaines intellectuel, moral, économique. Ce n'est plus la guerre, mais c'est une lutte où se décidera l'avenir des Nations. Un Français nonchalant et mou serait l'équivalent d'un mauvais soldat, et le fainéant, un déserteur.

Écoliers de France, écoutez-moi bien : vos aînés ont eu « le jour de gloire » ; vous aurez, vous, le jour de travail !

Et, si vous travaillez bien, chacun dans votre métier ; si, en même temps que votre bien-être, vous avez en vue le bien de la communauté française ; si vous vous aimez et aidez les uns les autres comme ont fait vos aînés dans la guerre héroïque, le jour de travail sera glorieux, comme a été le jour de gloire.

Mes enfants, moi qui vous parle et qui suis ému en vous parlant puisque vous êtes l'avenir de la Patrie, je suis un vieillard. Dans quelques semaines, j'atteindrai ma soixante-dix-septième année. Pendant près de cinquante ans, depuis le désastreux traité de Francfort, j'ai vécu dans une France vaincue, démembrée, humiliée. J'ai souffert de la défaite, du démembrement, de l'humiliation ! J'ai vu que, parce que la France était vaincue, l'Allemagne se croyait tout permis ; son orgueil et ses ambitions menaçaient le genre humain. Mais, sans désirer la guerre, j'ai toujours espéré qu'un jour viendrait où la France prendrait sa juste revanche et où l'Humanité, grâce à elle, assurerait sa liberté et sa dignité ; car France et Humanité ne sont pas deux mots qui s'opposent l'un à l'autre ; ils sont conjoints et inséparables. Notre Patrie est la plus humaine des patries !

Vive la France !

Ernest LAVISSE.

Septembre 1919.

Imp. d'Editions, 9, r. Edouard-Jacques, Paris. 10-25.

www.ingramcontent.com/pod-product-compliance
Ingram Content Group UK Ltd.
Pitfield, Milton Keynes, MK11 3LW, UK
UKHW020534180726
13839UKWH00006B/2502